TRIBUNAL DE LA MUSCULATION

©2021. EDICO
Édition : JDH Éditions

77600 Bussy-Saint-Georges. France
Imprimé par BoD – Books on Demand, Norderstedt, Allemagne

Réalisation graphique couverture : Cynthia Skorupa

ISBN : 978-2-38127-114-9
Dépôt légal : février 2021

Le Code de la propriété intellectuelle n'autorisant, aux termes de l'article L.122-5.2° et 3°a, d'une part, que les copies ou reproductions strictement réservées à l'usage privé du copiste et non destinées à une utilisation collective , et d'autre part, que les analyses et les courtes citations dans un but d'exemple et d'illustration, toute représentation ou reproduction intégrale ou partielle faite sans le consentement de l'auteur ou ses ayants droit ou ayants cause est illicite (art. L. 122-4).
Cette représentation ou reproduction, par quelque procédé que ce soit constituerait une contrefaçon sanctionnée par les articles L. 335-2 et suivants du Code de la propriété intellectuelle.

Tancrède Culot-Blitek

Tribunal de la musculation

Un plaidoyer contre les méthodes actuelles

JDH Éditions

Sporting Club

PROLOGUE

« *Rien n'est plus proche du vrai que le faux.* »

Albert Einstein

Aussi certain qu'il n'est pas de plus infime différence que celle plaçant les athlètes du fameux « top five » du dernier *Mister Olympia* ; aussi sûr que nulle programmation n'est plus proche d'un half body « *upper/lower* » qu'un « *push/pull/legs x 2* » ; aussi convaincu soit-on de la quasi-similitude qu'il y a entre un 4 x 6 et un 6 x 4, et aussi peu de doute qu'il y ait sur l'absence presque totale de distinctions entre les versions « barre » et « haltères » du développé militaire, la musculation n'est définitivement pas un atelier crêpes en MJC une veille de jour férié, où « à la louche », le résultat est sensiblement invariable, et un profil morpho-endocrino-anatomique, une programmation, une intensité de travail, un exercice, n'en est pas un(e) autre.

Ainsi donc, nous nous attacherons au fil des pages qui vont suivre à traquer les différences, forcément significatives, et leurs conséquences entre une version que nous jugerons optimale et une autre que nous vous efforcerons de vous convaincre d'abandonner. Nous défendrons et attaquerons objectivement les « pour » et les « contre » des planifications, mouvements et régimes mis au banc des accusés de dégrader la qualité de nos entraînements, et tenterons de les faire condamner à l'exil comme de les relaxer dans nos salles de gym. Humblement autodésignés avocat et procureur général du Tribunal de la musculation actuelle sous ses formes les plus populaires, nous vous laisserons le soin d'adopter l'un, l'autre, ou aucun de nos réquisitoires, avant de prononcer votre verdict, démêlant une bonne fois pour toutes le VRAI, du FAUX.

Mesdames et Messieurs les Jurés, l'audience est ouverte.

1

PLANIFICATIONS DOUTEUSES

Volume/intensité, association contre-productive de groupes musculaires, sollicitation abusive et injustifiée de muscles auxiliaires, apport de facteurs limitants périphériques, mauvais espacement des entraînements, répartition inadéquate et phénomènes de mode justifiés par des raisonnements illogiques ; planifications en tous genres, il vous est reproché aujourd'hui, si ce n'est de faire pire que mieux, au moins de n'être pas optimales, et de loin… Accusées, levez-vous !

* * *

1 – LE « PPL »

Dans une optique d'hypertrophie musculaire pure et dure, le **« Push/Pull/Legs »**, appellation qui décrit la programmation consistant à associer un jour les mouvements de « poussée » des membres supérieurs, tels que par exemple les développés (couché, militaire…), un autre les mouvements de « tirage » (horizontaux, verticaux, curls…), et enfin les mouvements ciblant les jambes lors d'une séance à part, est, Mesdames et Messieurs qui faites ici office de juges et jurés, au championnat des planifications cumulant plus d'inconvénients que d'avantages, assurément sur le podium.

Si l'on s'entraîne à raison de six fois par semaine, par exemple, on parle de « PPL x 2 », de P2PL si l'on s'entraîne quatre fois avec deux séances « Push », de PP2L2 si l'on effectue cinq séances, dont deux « Pull » et deux « Legs », etc. Précisons que le PPL, de par le grand nombre de muscles travaillés dans une même séance, fait intervenir, pour des raisons de temps surtout, principalement des mouvements polyarticulaires au rendement supérieur.

On rappelle pour postulat de départ ce qui sera forcément admis de tous, à savoir que l'hypertrophie myofibrillaire se définit comme un mécanisme d'adaptation à un stress mécanique subi par un myocyte, et que plus le stress subi est grand, plus on maximise, théoriquement parlant, les chances de surcompensation des fibres atteintes ; de là découle l'importance du choix des exercices et de leur exécution technique en musculation, MAIS AUSSI la logique de leur association et de leur enchaînement ! En effet : le stress mécanique optimal est autant affaire de l'utilisation ciblée et intensive du muscle (angles, positionnement, amplitude, charge, etc.) que de sa capacité d'utilisation ; pour faire simple, son « potentiel de travail » au moment de la série qui lui est consacrée.

De là, il est facile, chers Jurés, de pointer du doigt l'impact nerveux de certains exercices sur la qualité et l'intensité d'autres lors de la même séance, et donc sur leurs résultats. Un exemple : si l'on admet – et il ne peut en être autrement – qu'un développé couché est un mouvement de répulsion composite, assemblage d'une adduction des humérus (fonction première du grand pectoral), d'une extension du coude (triceps brachial) et d'une antépulsion du bras (deltoïde antérieur), ce qui lui permet la manipulation de charges relativement importantes, et en fait d'ailleurs un exercice reconnu comme une excellente sollicitation de la ceinture scapulaire antérieure, ALORS on admet du même coup que lors du mouvement, on fatigue les triceps et deltoïdes alors même que l'on cible prioritairement, et fort efficacement, la poitrine. Comment, de ce constat, ne pas aisément déduire qu'un autre mouvement de poussée venant en suivant, et ciblant en premier lieu les triceps ou les deltoïdes (développé militaire ou « prise serrée », par exemple), sera automatiquement moins performant, et donc moins efficace pour stresser le muscle concerné que s'il était intervenu indépendamment, et lors d'une autre séance ?

Ici, nous ne voyons que deux arguments à mettre au crédit de la défense : le premier est la réduction du temps d'échauffement, de mobilisation articulaire, de mise en place ou de potentiation nécessaire (il est bien moins long de se préparer à arriver à sa charge de travail sur un développé quelconque après en avoir déjà effectué un, ou sur n'importe quel mouvement incluant une flexion de genou, après un squat, par exemple) ; le second est la répartition plutôt à l'avantage des membres inférieurs du volume de travail (en effet, sur des mouvements globaux tels que le squat ou les fentes, par exemple, l'ensemble des muscles du bas du corps sera sollicité, avec des charges plus importantes que chacun des groupes du haut, forcément plus délaissés), ce qui est plutôt rare dans la plupart des programmes connus.

Mais à ces deux évidences, nous objecterons qu'en découle certainement une sollicitation nerveuse et tendineuse favorisant le surentraînement, entre autres, et plus encore une répartition du volume de travail complètement impersonnalisée, propice au surdéveloppement des points forts et l'émergence des points faibles (pectoraux ou épaules, quadriceps ou fessiers…).

En conclusion, votre Honneur :
- Le PPL permet de mieux performer, car il inclut plus de « gros » mouvements : FAUX.

- Le PPL implique moins de risques de blessures que d'autres programmes : FAUX.
- Le PPL permet un volume de travail intelligemment réparti et limite l'émergence de points faibles : FAUX.
- Le PPL est adapté aux débutants et intermédiaires pour l'hypertrophie : FAUX.

* * *

2 – LE « SPLIT »

La célébrissime, la simplissime, celle qui est plus adoptée encore que Netflix dans le seizième arrondissement de Paris, la planification « reine » entre toutes est à présent appelée à la barre : **Split**, vous êtes accusé de :

1 – Pousser au surentraînement le pratiquant lambda, par la propagation éhontée de listes quasi exhaustives de tous les mouvements possibles et imaginables visant à regrouper tel ou tel groupe musculaire, et qui constituent par défaut, aux yeux du profane naïf, ou du chevronné mais borné, une séance type de travail bénéfique. En effet, je rappelle à la cour que vous êtes responsable, entre autres, d'avoir assigné au lundi la lourde (c'est le cas de le dire) charge d'« International Chest Day », d'avoir popularisé la presque obligation de n'effectuer un exercice qu'à raison de quatre ou cinq séries d'un nombre fixe de répétitions, ou encore d'avoir ancré l'idée que pour passer une heure et plus en salle pour le travail d'un ou deux seul(s) muscles déjà chauds, il fallait en conséquence enquiller les exercices jusqu'à ce qu'ils ne servent plus à rien d'autre qu'à desservir le but que s'est fixé l'acharné qui s'attelle aux écartés haltères après du développé couché, de l'incliné, du chest press assis, vis-à-vis aux câbles, pec

deck et parfois même trois ou quatre autres variantes à peu près identiques.

Alors, si je perds, Mesdames et Messieurs les Jurés, je remonte sans tarder le fil de mon argumentaire et reviens au mot lâché de prime abord, celui qui fait figure d'épouvantail chez certains qui s'acharnent à ne jamais forcer, et de mythe chez ceux qui ne jurent que par l'échec répété : le *Surentraînement*. Je l'affirme haut et fort ici : tous ceux qui rient à son évocation sont ceux qui sont en plein dedans chaque semaine. Car s'il existe quantité de définitions plus ou moins nébuleuses du phénomène, il y a en revanche une idée très précise à se faire de l'*Entraînement*, et qu'on peut résumer comme suit : « Pratique qui consiste à améliorer, restaurer ou conserver, par la répétition d'une tâche et/ou de tâches périphériques, son efficacité dans un domaine, mouvement ou schéma particulier. » Si l'on accepte ma définition, alors on accepte que dès lors qu'un entraînement au sens large produit les résultats escomptés dans le domaine concerné (augmentation de la masse musculaire et/ou de la charge de travail ici, par exemple), alors on peut, et même s'il est loin d'être optimal, lui prêter des vertus. C'est ici qu'apparaît nécessairement la notion clé de « compromis volume/intensité ».

On a trop tendance à associer généralement augmentation du volume d'entraînement et augmentation des résultats, et cela découle bien sûr d'une définition semblable à la mienne. En résumé, c'est l'idée de « plus d'entraînement = plus de résultats » qui est exprimée dans les routines splits populaires qui cumulent jusqu'à vingt-quatre séries ou plus par muscle par semaine, là où quinze, dix peut-être, auraient induit autant voire plus de résultats. Et je demande au jury, si le tribunal me le permet, de faire fi quelques instants des nombreuses « études » contradictoires qui corrèlent différents volumes de travail à différents résultats, dans un sens ou dans l'autre (je rappelle au passage aux « chercheurs » qui sont à l'origine de ces travaux que la validité d'une étude se mesure entre autres à sa capacité à transposer et généraliser ses résultats à toute autre population aux caractéristiques semblables à l'échantillon, et que quatorze participants, c'est extrêmement proche de un), et d'essayer de concevoir qu'on puisse raisonner comme suit : si quinze séries hebdomadaires induisent une augmentation des charges de travail et/ou des mensurations du pratiquant, que dix-huit en induisent davantage une fois testées, alors on peut admettre que l'augmentation du volume de travail a été bénéfique. À présent, interrogeons-nous : si en suivant, vingt séries n'induisent pas de résultats supplémentaires, alors les deux séries ajoutées ont-elles une utilité, quand bien même les résultats existent toujours ? À l'inverse, si d'emblée vingt séries donnent des résultats satisfaisants, est-ce que tester le passage à dix-huit pour voir si les progrès sont semblables ne peut pas nous amener à considérer deux séries comme superflues ? Et si à quinze, les progrès s'en trouvent accrus, est-ce que cinq séries de l'entraînement hebdomadaire initial n'étaient pas exactement ce qu'on appelle le surentraînement ? Je laisse les jurés se faire leur opinion là-dessus, et ajouterai juste que si on peut aisément mesurer les progrès sur les premières séries du premier gros exercice d'une séance (nombre de répétitions à une charge donnée sur un top set de développé, par exemple), il est à mon sens absurde de chercher à faire de même sur un cinquième exercice, d'isolation sûrement, où rien n'est plus représentatif tant le muscle ciblé est fatigué. Enfin, à volume moindre, on est tenté, à tort ou raison, d'associer intensité supérieure. Mettons en garde le pratiquant qui, solidement campé sur la rampe ascendante de la progression, et selon le principe du « mieux vaut la qualité que la quantité », appliquerait ce qu'il trouverait judicieux dans notre plaidoirie à la lecture de celle-ci, transformerait un peu vite le précepte précédent en « moins de séries, OK, mais plus lourd » ; en effet, si la réduction du volume permet théoriquement une mesure bien plus évidente de la progression en intensité, l'échec en musculation, et ce d'autant plus que la série est courte, ne sert définitivement à rien. Mais nous y reviendrons.

2 – Populariser une association des groupes musculaires, dans le découpage calendaire de la planification d'entraînement, pour le moins illogique. Car c'est bien à vous, accusé Split, que l'on doit les fameuses séances « pecs-triceps » ou « dos-biceps », développant les déséquilibres presque davantage que les muscles, au prétexte fallacieux que « les triceps travaillent déjà quand on fait les pecs », etc. Nous l'avons déjà vu au point abordant le PPL (qui n'est autre qu'un split très mal organisé), cette logique ne fait que favoriser le groupe musculaire prédominant de nature chez l'athlète (de par ses innervations, insertions, leviers osseux…) et creuser l'écart chez ceux que la génétique n'a pas pourvus d'un équilibre initial à toute épreuve. Heureusement, on voit chez certains des planifications bien plus pertinentes, de type dos-triceps en évitant de faire se suivre rétropulsion de l'humérus et sollicitation du chef long du triceps, pectoraux-biceps selon des angles réfléchis, deltoïdes-quadriceps, biceps-chaîne postérieure… Ce ne sont bien sûr que des exemples.

3 – De contraindre parfois à un vrai casse-tête d'organisation pour réussir à construire et suivre une planification de qualité. Halte aux objections de la défense, je m'explique !

Pour quelqu'un dont l'existence entière ne tourne pas autour de l'entraînement, la musculation peut vite s'avérer être un sport extrêmement chronophage, voire stressant au quotidien, lorsqu'il faut conjuguer un emploi, une famille parfois, avec un créneau journalier dédié à sa pratique, avec la mise en place et le respect de certaines contraintes alimentaires, avec une récupération optimale… avec que sais-je encore, mais surtout avec sa fréquence d'entraînement. Car en fonction des capacités, caractéristiques, objectifs et volonté de chacun, la fréquence d'entraînement ne peut être de cinq à six fois une heure et plus par semaine, cela va de soi. Aussi, une routine en split n'apparaît-elle pas plus contraignante qu'avantageuse pour « caser » tous les groupes musculaires correctement associés sur quatre, trois, deux séances… ? Bien sûr, nul besoin de construire sa programmation sur sept jours et pas huit ou dix ni d'intellectualiser sa pratique au point d'en ôter tout plaisir, et nous n'insistons pas particulièrement sur ce dernier argument, bien qu'il ait selon moi mérité d'être évoqué.

En résumé :
- Le split présente l'avantage de sa simplicité d'utilisation : FAUX.
- Le split permet d'être sûr d'entraîner suffisamment chaque groupe musculaire pour maximiser ses gains : FAUX.
- Le split favorise la récupération entre deux sollicitations du même muscle : VRAI.
- Le split diminue le risque de blessures : FAUX.
- Le split est plus adapté au pratiquant expérimenté qu'au néophyte : VRAI.

* * *

3 – LES « CYCLES » DE PROGRESSION

C'est une notion largement répandue sur la planète fitness, nageant dans ses océans, escaladant ses monts et tourbillonnant dans l'air : la musculation obéit à la sacro-sainte loi de la « progression continue ». Alors, avant toute chose, scoop : la progression continue n'existe pas. On a tous des jours avec et des jours sans. Et même si cette maxime paraît bête comme un galet, je m'explique à la cour :

La progression continue, c'est l'idée, reposant sur des bases somme toute fort solides au départ, que, les gains s'expliquant par une logique d'adaptation du corps aux contraintes qui lui sont présentées (nerveuse, structurelle, vasculaire, etc.), il est, à long terme, nécessaire de présenter des contraintes toujours supérieures pour engendrer des adaptations constantes. Soit. Mais là où le cyclage des entraînements de musculation vient parfois utiliser malhonnêtement ce grand principe indiscutable sur le fond, c'est lorsqu'ils imposent une sorte de sous-régime pour garantir des progrès à venir et simuler l'adaptation recherchée.

Chers membres du jury, qui allez voir que notre raisonnement s'articule autour d'un argumentaire construit dont découle chacune de nos observations, et dont je me fais le porte-parole devant vous, on en revient donc à ce fameux compromis volume/intensité. On a plus ou moins convenu qu'il existait pour chacun un volume de travail en deçà et au-dessus duquel il n'était pas forcément nécessaire ni même pertinent de pousser le travail de musculation. Mais la notion de « volume » se trouve intimement mêlée à celle d'« intensité », au sens où l'un est défini par l'autre (on dit pour simplifier que « Volume = charge x nombre de séries x nombre de répétitions », avec charge = intensité). Ainsi, je me rappelle un ami, personal trainer réputé à Toulouse, qui disait : « Gagnez de la force et vous augmenterez votre volume d'entraînement : par exemple, je viens de lever mille-huit-cents kilos en une série de squat. » Cela peut ressembler à de la provocation pure et simple, mais si mon ami réussissait alors dix squats amplitude maximum à cent-quatre-vingts kilos, et ce sans ceinture de force, alors c'est que cent-quatre-vingts kilos au back squat étaient pour lui une intensité, au pire, moyenne. Et si on peut à raison penser que quelqu'un de moins fort pourrait atteindre le même volume d'entraînement en cinq séries de deux répétitions, par exemple, ce serait au prix d'une intensité incommensurablement supérieure. Le lendemain, mon ami pourrait itérer sa performance, l'autre non. Mais si l'on pousse ce raisonnement à son paroxysme, alors on en vient à se demander pourquoi mon ami n'effectue pas, partant de là, cinquante squats complets à cent kilos, portant son « tonnage » à cinq mille kilos en une série, ou encore cent-vingt squats à cinquante kilos, ou deux-cent-cinquante à poids de corps, ce qui impacterait encore moins sa récupération que sa série de dix fois cent-quatre-vingts… Et c'est là qu'entre en scène le compromis. Trop d'intensité égale trop de récupération nécessaire et dessert l'objectif en diminuant la fréquence d'entraînement. Pas assez amène à des séances ultra chronophages et à une sollicitation prépondérante de l'endurance. De fait, même si le fameux « moins de six répétitions pour la force, entre sept et douze pour la masse, etc. » est aujourd'hui totalement dépassé, l'idée d'une intensité plus adaptée qu'une autre à l'objectif reste d'actualité.

Sur une programmation cyclée qui consiste par exemple à augmenter chaque semaine, sur un exercice de base, la charge de deux kilos et demi pour un même nombre de répétitions (disons trois séries de dix), et ce sur trois semaines consécutives, la quatrième étant consacrée à un « deload » (on y reviendra ultérieurement), et en admettant que la troisième semaine atteigne une intensité proche de celle que nous conviendrons comme étant « optimale », et à moins qu'on parle d'un débutant capable d'adaptations nerveuses (coordination des unités motrices, recrutement, etc.) suffisantes pour augmenter chaque semaine sa charge de travail sans augmenter son intensité d'effort (se rapprocher de l'échec), on tombera vite d'accord sur le fait que les premières semaines utilisent, en prévision d'une « progression » factice, une intensité de travail volontairement TROP faible.

En termes clairs, disons que si on peut faire trois séries de dix répétitions à quatre-vingts kilos, et pas une onzième répétition lors de la troisième série, alors si en semaine « un », on effectue trois fois dix à soixante-dix, et en semaine « deux » trois fois dix à soixante-quinze, alors on peut littéralement parler de « sous-entraînement ». Car les semaines un et deux n'ont à aucun moment permis d'amener à la performance de la semaine trois, pire, elles ont exploité les groupes musculaires concernés en dessous de ce qu'elles auraient pu produire et potentiellement minimisé les gains. Entendons-nous bien : je ne suis pas en train de prétendre que chaque semaine doit conduire à l'échec sur la dernière répétition de la dernière série, surtout si cela n'amène pas à une évolution les semaines suivantes, mais comment, chers Jurés, ne pas voir de la malhonnêteté là où progression rime avec retenue ? Comment, si la semaine quatre doit absolument conduire à trois fois dix à quatre-vingt-deux kilos et demi, quitte à dégrader la technique d'exécution, peut-on ne pas rire devant une progression sur quatre semaines sur le papier alors que seule la séance trois est correcte ?

Aux objecteurs qui, comme pour tous les points précédents et à suivre de notre réquisitoire, évoqueront des exemples d'individus visiblement crédibles illustrant les points de vue que j'attaque, je réponds d'ores et déjà que la musculation n'est pas de la natation : avec du temps, de l'assiduité et quelques conditions nutritionnelles (voire chimiques…), TOUT fonctionne dans l'absolu, et que les différences interpersonnelles jouent un rôle majeur dans l'évolution de chacun : un pratiquant de haut niveau ne fait en rien un entraîneur de haut niveau.

Résumons :
- Un coach musclé/fort/sec est un bon coach : FAUX.
- Établir des cycles d'intensité basés sur la progression continue permet d'optimiser ses progrès en bodybuilding : FAUX.
- Utiliser différentes intensités d'entraînement est utile à la performance : VRAI.
- Plus de muscle égale plus de force : VRAI.
- Plus de force égale plus de muscle : FAUX.
- La charge utilisée est le premier facteur de progression en musculation : FAUX.

* * *

4 – LA MUSCULATION, C'EST AUSSI DU CARDIO

Depuis longtemps déjà, la majeure partie de la profession est tombée d'accord sur la pertinence toute relative de l'utilisation quasi exclusive d'exercices à dominante cardio-respiratoire à des fins de perte de masse adipeuse. Le problème, Mesdames et Messieurs les Jurés, c'est bel et bien la partie, mineure donc, qui reste, épaulée par le grand renfort des mythes populaires.

« Non, mais moi, je veux mincir, pas grossir : donc il ne faut pas que je fasse de muscu » ; « Ah, mais si je fais des pompes, je vais avoir des épaules d'homme, donc je fais du vélo elliptique » ; « Il faut quarante minutes de cardio pour commencer à brûler les graisses » ; et j'en passe, et des meilleures…

Évidemment, tout cela est faux ; la science – et nous, par extension – le savons depuis fort longtemps, mais malgré tout, et si j'ose parler à la cour de mon cas propre, il n'est pas une semaine qui passe sans que j'entende ce type de discours en provenance de ma clientèle ou de mon entourage professionnel. Si l'on évite de s'enfoncer dans la description fastidieuse d'un adipocyte, et du principe de lipolyse, et encore moins dans la fonction de la fameuse « graisse brune », ni la répartition des récepteurs à catécholamines *alpha* et *bêta* sur la membrane des cellules adipeuses, conditionnant entre autres la répartition et la ténacité de la graisse chez l'homme ou la femme, il reste cependant un principe simple : les adipocytes, constitués de *triglycérides*, servent au stockage de l'*énergie superflue* chez l'animal. C'est pourquoi ces cellules, déjà bien plus grosses que la plupart, peuvent s'hypertrophier jusqu'à des dizaines de fois leur taille d'origine pour accueillir un surplus énergétique important (matérialisé par la formation de triglycérides comme « réserves »), puis s'hyperplasier (se multiplier) ; on n'a donc pas un stock fixe de cellules adipeuses, celles-ci deviennent d'autant plus nombreuses que le corps a d'énergie à stocker, rendant de plus en plus difficile la perte de masse grasse et expliquant en partie l'effet « yoyo » des régimes.

Nous reviendrons plus tard sur les mécanismes de la contraction musculaire et de l'hypertrophie, mais parlons sans tarder d'un fait simple : ces mécanismes consomment, comme toute action mécanique, de l'énergie, et la fabrication de matériau supplémentaire (muscle), ou le stockage du *glycogène* (polymère du glucose stocké entre autres dans les muscles et constituant également une réserve de substrat énergétique) conditionnent les besoins caloriques de leur individu hôte. De fait, pratiquer la musculation est une manière de dépenser de l'énergie, et par là même de diminuer sa masse grasse, avant même de parler d'hypertrophie.

Mais s'il nous faut en parler, celle-ci correspond à un mécanisme d'adaptation du corps devant les contraintes qui lui sont proposées. Il apparaît pertinent de dire qu'on « fabrique » du muscle lorsque celui-ci est régulièrement et intensément mis à contribution, et ce pour s'adapter à la tâche récurrente. Et si le processus d'hypertrophie myofibrillaire est long et nécessite une très longue durée et une très haute fréquence de pratique, c'est bien à cause de cela : l'adaptation. Ainsi donc, on peut parfaitement concevoir qu'un exercice « cardio », surtout de basse, voire moyenne intensité, et de durée importante, par la réserve énergétique qu'il exige, entraînera, toujours à long terme, une adaptation qui répond à la contrainte infligée : plus de gras et moins de muscle (matériau dense et inutile). Bien sûr, chers membres du jury, cette vision des choses pourra vous paraître simpliste et il vous faudra attendre les thèmes suivants de mon réquisitoire pour voir plus avant comment, en hydrolysant l'ATP, le muscle squelettique est un formidable facteur de dépense énergétique volontaire. Ajoutons qu'il l'est sur l'instant, mais aussi tout autant, voire davantage, lorsque les mécanismes de restauration et de conservation de la masse musculaire augmentent le métabolisme basal du pratiquant (calories consommées hors effort, pour toutes les fonctions vitales), représentant l'énorme partie immergée de l'iceberg de la composition corporelle et, à coup sûr, le paramètre à optimiser le plus important.

Résumons notre pensée comme suit :
- L'exercice à dominante cardio-respiratoire d'intensité basse et de longue durée est le meilleur moyen de changer sa composition corporelle à long terme : FAUX.
- L'exercice musculaire doit prévaloir sur l'exercice cardio-respiratoire pour améliorer optimalement sa composition corporelle : VRAI.
- Il faut quarante minutes d'effort pour « commencer à brûler les graisses » : FAUX.
- La musculation apporte des bénéfices cardiovasculaires et respiratoires : VRAI.

2

PRATIQUES MAL, OU PEU JUSTIFIÉES

Avec le temps, on a vu Yates faire le plus mal possible un formidable mouvement qu'est le rowing, Arnold gâcher un honnête développé militaire en y ajoutant une rotation illogique du bras, quelques géants du MLM gâcher l'image des compléments alimentaires là où nombre de marques avaient déjà bien dégrossi la tâche avec les BCAA et autres maltodextrines, certains pratiquants se dire que ne plus consommer d'hydrates de carbone était une approche nutritionnelle intéressante, ou encore d'autres faire du cardio à jeun pour « brûler des graisses » plus rapidement, liste absolument non exhaustive d'exemples jetés en vrac d'effets de mode plus ou moins datés qui ont (eu) cours dans le monde fanatique et naïf du fitness. À chaque époque son lot d'âneries, et avant que la défense n'objecte que je diffame, je m'en vais en lister quelques-unes à la cour, dont l'assistance, je l'espère, se rangera bien vite à notre avis.

* * *

1 – L'AMPLITUDE EN NUMÉRO UN

Depuis le début de ma courte et modeste carrière, et même bien avant, j'ai tout entendu à propos de l'amplitude des mouvements de musculation, quand bien même elle n'était pas nommée ainsi. De la fameuse relation « tension/longueur », qui donne à tout pratiquant ayant parcouru un bouquin de Delavier l'impression d'être au sommet de la montagne des subtilités de la biomécanique, à l'évitement de l'étirement trop prononcé des muscles ciblés par peur de limiter la congestion qui serait condition sine qua non de l'hypertrophie, en passant par la justification de l'augmentation de la charge en proportion de la réduction de l'amplitude (jusqu'à atteindre des extrémités confinant à l'absurde dans certains cas), et j'en passe… Mais alors, qu'en est-il ? Quelle est l'amplitude à adopter, et pourquoi ? Détaillons comme suit :

Ce n'est pas mon opinion propre, ce n'est pas un point de vue discutable ; une cellule musculaire, qu'on appelle un *myocyte*, est constituée de tout un tas de choses, et particulièrement de réservoirs à unités contractiles auxquelles on s'intéressera : les *myofibrilles*. Dans ces myofibrilles, délimités par des *lignes Z*, des *sarcomères*, fameuses unités permettant la contraction musculaire, voient « coulisser » l'un sur l'autre des myofilaments épais de *myosine* et d'autres, plus fins, faits d'*actine* (qui sont des protéines) enroulée autour de *troponine*. Grâce à cette dernière, l'*Adénosine Tri Phosphate* (ATP), source d'énergie du corps, les têtes de myosine se déplient et « accrochent » le filament d'actine pour le faire coulisser en hydrolysant la molécule d'ATP, et ainsi de suite, recommençant tant que de l'ATP est fournie par différentes filières énergétiques. On peut grossièrement se figurer des rames qui par leurs mouvements dans l'eau font avancer une barque. Le tout est permis par la déformabilité d'une autre protéine appelée *titine* et qui confère l'élasticité au sarcomère en permettant le mouvement de la myosine qu'elle lie à la bande Z. Ça, Mesdames et Messieurs les Jurés, c'est pour faire simple. Très simple.

Simplement, donc, on se figurait une barque et des rames ; on se figure à présent des ponts, formés par les liaisons actine-myosine, et déterminants dans la mécanique musculaire. Et c'est en comprenant que plus le nombre de ponts actifs est élevé, et plus la force résultant de la contraction du muscle est importante, que l'on comprend aisément la « relation tension/longueur » (comprenez : plus un muscle s'étire ou se contracte en s'éloignant de sa longueur initiale, moins les ponts actine-myosine sont nombreux à être engagés, et moins le muscle est en capacité de produire de la force). C'est de ce principe que certains ont fait découler la limitation de l'amplitude de travail au profit de la capacité du pratiquant à être « efficace » sur une plus grande partie du mouvement concerné, et donc à gagner énergie et répétitions à une charge donnée. Sauf qu'avec ce genre de raisonnements, on peut être amené jusqu'à déracker la barre au développé couché, descendre de douze centimètres et remonter sans s'être même approché de la poitrine, et on sera ultra efficace, forcément... Là où les pectoraux ne seront quasiment pas, voire pas du tout sollicités, tant la gravité ne sera pas en sens opposé au mouvement des bras déjà presque perpendiculaires au sol... On en vient donc à la définition de l'amplitude.

Premièrement, il y a une distinction à faire entre amplitude *active* et amplitude *complète*. Et non des moindres.

L'amplitude active est toute l'amplitude que le pratiquant peut avoir sur un mouvement en conservant le muscle ciblé par le travail sous tension, quand l'amplitude maximale, ou « complète », est toute l'amplitude qu'il peut avoir TOUT COURT. Exemple : un développé couché aux haltères. Si l'on garde en tête que la fonction sollicitée du grand pectoral est en premier lieu l'adduction des humérus (avec une légère antépulsion, bien sûr) et que la résistance offerte par des charges libres que sont les haltères est toujours implacablement verticale (si vous lâchez un haltère, il tombera immanquablement tout droit vers le centre de la Terre, gravité oblige), alors tant que le mouvement du bras s'oppose, même en partie, à la force de résistance, le grand pectoral sera sous tension. Autrement dit, l'amplitude active court tant que l'haltère suit une trajectoire verticale ascendante (nous reviendrons sur l'exécution des développés notamment plus loin dans la plaidoirie). Or, le pratiquant, lui, a toute la possibilité de poursuivre son mouvement une fois la limite de l'amplitude active atteinte en haut de la trajectoire, en tendant exagérément les bras jusqu'à rapprocher horizontalement, voire même rejoindre les deux charges au-dessus du sternum, et ce pour utiliser l'amplitude maximale du mouvement, ce qui en musculation est parfaitement et définitivement inutile.

Mais si l'amplitude complète d'un mouvement ne correspond pas toujours à son amplitude active, et que l'une n'a pas d'intérêt à être exploitée en totalité, l'autre si.

On a déjà parlé des ponts qui lient les molécules contractiles du muscle strié, et il ne reste en l'état qu'à affirmer que si les progrès en musculation (hypertrophie ou augmentation de la force) dépendent d'une logique d'adaptation, alors dans un cas, c'est d'une surcompensation lors de la « réparation » des fibres « abîmées » par le stress mécanique (l'actine et la myosine étant des protéines, l'organisme les fabrique à partir d'acides aminés pour rendre les fibres plus épaisses et les adapter à l'effort), et dans l'autre, de la création d'une innervation plus performante (création de dendrites supplémentaires, recrutement et coordination des unités motrices, inhibition des antagonistes, « potentialisation », etc.). Et si l'activité même dépend de l'action de ces ponts, alors il apparaît évident que moins le nombre de ponts sollicités simultanément est important, plus le stress mécanique, « dommage » subi par les myofibrilles, est important, aussi bien d'ailleurs que le recrutement nerveux dans toutes les « positions » du mouvement. Ainsi, avec l'utilisation de charges libres, c'est souvent en fin de phase excentrique que la tension subie est la plus importante, car la gravité s'oppose toujours en sens au mouvement, mais les ponts recrutés sont en très faible nombre. Avec une résistance constante et/ou progressive (exemple : curl poulie et/ou élastique), c'est quand le muscle est le plus contracté que cette résistance est maximale. Attention toutefois : l'accusation se doit d'introduire dans l'équation une force supplémentaire, celle de l'énergie *élastique* emmagasinée par le muscle étiré, et qui viendra au-delà d'une certaine limite surcompenser la faiblesse de celui-ci en favorisant la contraction consécutive. Le *réflexe myotatique* (contraction réflexe d'un muscle étiré trop brutalement) agira de même ; c'est pourquoi un tempo excentrique plutôt lent est conseillé afin de diminuer l'action facilitante de ses phénomènes.

Finissons en rappelant que la vasoconstriction, compression des vaisseaux sanguins lors de la contraction musculaire qui entraîne la rétention locale de sang et le gonflement passager du muscle, n'a pas de rapport direct avec l'efficacité d'un exercice.

En clair :
- La congestion ou les sensations sont les principaux indicateurs de l'efficacité d'un exercice : FAUX.
- L'amplitude active de l'exercice est un facteur primant sur la charge utilisée : VRAI.
- Gagner de la force sur un mouvement partiel permet un gain comparable sur le mouvement complet : FAUX.
- Gagner de la force en amplitude active complète permet un gain comparable sur une partie du mouvement : VRAI.

- L'augmentation de l'amplitude augmente les risques de blessures : VRAI.
- L'augmentation de la vitesse d'allongement du muscle peut aussi être utilisée pour gagner en performance : VRAI

* * *

2 – POURQUOI VOUS ÉTIREZ-VOUS ?

C'est parce que j'ai dès le départ ou presque vanté la logique de construction de notre argumentaire à la cour que je me dois de faire suivre au chapitre précédent celui qui traitera des étirements.

Je le dis tout net au tribunal : ce plaidoyer, autant qu'il s'abstienne presque totalement de traiter de nutrition, s'évite tout autant d'entrer dans les détails de la préparation physique, vous l'aurez remarqué. Aussi, ce chapitre ne concerne pas le stretching dans ses utilisations pertinentes qui visent à la restauration, le développement ou la conservation d'une souplesse musculaire et/ou d'une mobilité articulaire améliorant une pratique quelconque. Non, ici, nous aborderons les étirements inutiles, contre-productifs, dangereux même, lorsqu'ils sont employés, en musculation, pour de (très) mauvaises raisons.

Pour ce faire, il nous suffit d'évoquer les poncifs erronés qui, tel l'acide lactique dans nos cours de fac, s'accrochent encore dans les consciences où ils n'ont pas leur place.

1 – De même qu'un élastique est de plus en plus difficile à tendre tant son épaisseur augmente, il se peut concevoir qu'un muscle de gros volume bénéficie d'une souplesse théorique moindre qu'un muscle peu développé. Mais de même aussi qu'un gros élastique, une fois étiré, possède une puissance de

raccourcissement importante, un muscle développé possède une élasticité très importante, et il ne faut pas confondre les termes « rigidité » et « résistance ». Si en s'hypertrophiant, un muscle devient plus résistant à la contrainte, l'entraînement en amplitudes importantes lui confère une facilité de travail sur de grands angles et une capacité d'étirement importante (éloignement des points d'insertion) : il ne s'en trouve pas moins souple que chez un non-pratiquant, au contraire. En revanche, il est vrai que son diamètre augmentant, il se trouvera sûrement moins perméable à la déformation selon des angles inhabituels (exemple : mettre la main dans le dos jusqu'entre les omoplates peut être un problème pour un bodybuilder, là où un squat complet est une formalité, à l'inverse de chez quelqu'un d'autre). Ainsi, là où les étirements peuvent paraître insensés dans l'axe du travail habituel (étirement des quadriceps en ramenant le pied vers la fesse, par exemple), ils seront utiles pour conserver une mobilité autre que celle induite par la pratique.

2 – Comme s'échinent à le rappeler depuis des années certains fervents combattants des vieilles inepties de ma connaissance, l'*acide lactique* (de formule $C3H6O3$) se retrouve dans tout un tas de shampoings et autres cosmétiques en tous genres, mais pas dans l'organisme humain. Il est par pure erreur confondu avec sa forme ionisée le *lactate* ($C3H5O3-$), qui est une *base* et non un acide. Si je rappelle ce point à la cour, c'est pour rappeler dans la foulée que s'étirer pour « chasser l'acide lactique et diminuer les courbatures » est une pure hérésie. Mais revenons à l'origine desdites courbatures, bien trop méconnue :

On a déjà parlé d'innervation, qui est en gros la connexion d'un neurone à un muscle. Celle-ci permet la transmission d'un signal moteur actionnant le mouvement, qu'on appelle « potentiel d'action ». Cet influx nerveux, né dans le soma du neurone, se transmet le long de l'axone jusqu'aux dendrites qui le rattachent, pour faire simple, au muscle. Ce système électrique implique plusieurs ions : des ions sodium Na+, potassium K+, Chlorure Cl-, qui par leur migration à travers la membrane cellulaire chargent positivement (puis « déchargent ») le milieu intracellulaire (le « potentiel de repos » est de -70 mV, au-dessus duquel il y a dépolarisation), mais aussi Calcium Ca2+. Ces derniers sont libérés du réticulum sarcoplasmique de la cellule dans celle-ci, franchissant un seuil d'excitation lorsqu'arrive un potentiel d'action. Toujours pour faire simple, ce calcium se fixe sur la *troponine-C*, levant l'action inhibitrice de la *troponine-I*. On peut donc considérer en résumant que lors d'un travail inhabituel, ou plus élevé qu'à l'accoutumée, la libération intracellulaire de calcium est plus importante que lors d'efforts déjà éprouvés. Et c'est tant mieux. Le problème survient quand, principalement à cause de travail excentrique intense (les courbatures apparaissent rarement après des exercices à dominante concentrique), le calcium s'échappe de son milieu d'activité pour s'accumuler (notamment lorsque les fibres de *desmine*, liant les sarcomères à la membrane plasmique, sont atteintes) et se rendre responsable d'une réaction inflammatoire consécutive à sa surabondance : les courbatures.

Étirer passivement en post entraînement un muscle dont les dommages sont consécutifs à un étirement prononcé apparaît avec clarté comme une profonde erreur.

3 – En revanche, tendez un élastique et, en le touchant, vous constaterez que sa température a augmenté. De même, de par la conversion d'une partie de l'énergie mécanique en énergie thermique, un muscle étiré convenablement chauffe. Il existe en conséquence des protocoles d'étirements à but d'échauffement parfaitement cohérents.

Ainsi :
- S'étirer peut permettre de devenir plus performant sur certains mouvements/certaines pratiques : VRAI.

- S'étirer améliore la récupération et/ou endigue l'apparition des courbatures : FAUX.
- S'étirer après une séance augmente le risque de blessures à court terme : VRAI.
- Étirer une zone inflammée/douloureuse peut soulager la douleur : FAUX.
- Les étirements peuvent être utilisés lors d'un échauffement : VRAI.

* * *

3 – LA « CONTRACTION VOLONTAIRE » EST UN TRUC DE CHIPPENDALE

Je vous demande, là, maintenant, tout de suite, de fermer les yeux et de vous imaginer un de ces strip-teaseurs dans les films, qui font bouger leurs pectoraux sans bouger le reste du corps et les contractant un par un, comme une parade de séduction nuptiale. Même si cela vous paraît étrange. Vous y parvenez ? Bien : vous venez de visualiser exactement ce qu'est la « contraction volontaire », au sens littéral du terme.

Un autre exemple ? Soit : si vous êtes assis présentement, ne bougez pas. Simplement, regardez votre bras et contractez votre biceps. Vous le voyez bouger ; cependant, vous n'avez effectué ni flexion du coude ni supination de l'avant-bras. Vous voyez où je veux en venir ?

J'anticipe les objections de la défense et je précise sans plus tarder mon propos : il n'est pas nécessaire d'effectuer un mouvement pour contracter un muscle *volontairement*. Donc d'utiliser une résistance, et donc d'engendrer un stress mécanique. À l'inverse, lorsqu'on effectue un mouvement de musculation avec une exécution correcte, on oppose à l'action du muscle que l'on cherche à recruter une résistance et on engendre une contraction sans que celle-ci soit directement commandée. La résultante de la musculation est donc une contraction *involontaire* des muscles squelettiques pour réussir un mouvement volontaire, lui, malgré l'opposition d'une force antagoniste.

Bien sûr, j'ai pleinement conscience que ce procès n'est pas celui des pratiquants et professionnels qui prônent la contraction volontaire comme méthode d'entraînement. Mais il nous semble important de revenir ici sur l'intérêt d'une telle méthode, ainsi que sur la terminologie employée. De deux choses l'une :

1 – Soit on prône par « contraction volontaire » le fait de contracter son muscle comme un chippendale ses pectoraux, alors que celui-ci est déjà sous tension par l'exercice, et dans ce cas, on est en droit de se demander si cela n'induirait pas un parasitage neuromoteur du mouvement et une performance amoindrie, tout simplement.

2 – Soit on doit comprendre à travers ce concept qu'il s'agit de recruter au maximum un seul et unique muscle, en faisant en sorte que son exécution technique permette au maximum d'éviter le recrutement d'autres secteurs, comme en cherchant à rapprocher les coudes plutôt que tendre les bras sur des pompes, ou encore en faisant l'extension du pied avant l'antépulsion du fémur sur le travail des mollets assis. Dans ce cas, convenons que des termes comme contraction « ciblée » ou « localisée » seraient plus pertinents.

* * *

4 – 20 MINUTES D'EMS = 20 MINUTES D'EMS

Je me souviens d'une présentation pour une marque dont je tairai le nom qui m'a été faite lorsque j'étais encore à la fac, par le « responsable région », ainsi que le kiné « concepteur » de la méthode d'*électromyostimulation (du corps entier* [EMS]) dont il était question. Des commerciaux, en définitive, et de ce jour, je garde la maxime suivante : si vous voulez un avis objectif sur un produit, ne vous le faites pas décrire par quelqu'un qui veut vous le vendre… Nous ne vendons pas d'EMS, nous ne l'utilisons pas, mais nous l'avons testée. Voici donc notre avis succinct, si le tribunal nous autorise à le donner au jury : c'est une arnaque.

Voici à présent notre avis détaillé : « vingt minutes d'EMS sont égales à quatre heures de sport », est écrit en blanc sur le noir des façades des studios d'EMS qui poussent comme des champignons partout en Europe, sur les pages d'accueil des sites internet vantant les bienfaits de la méthode, et jusque sur les comptes Instagram des coachs qui ont oublié de mettre en avant le bienfait numéro un de ladite méthode : pour un coût d'achat situé entre, disons, douze et vingt-cinq mille euros la combinaison avec électrodes, console et formation d'utilisation selon les marques, et des séances facturées au client quarante euros les vingt minutes, assorties de la promesse de meilleurs résultats qu'avec des méthodes plus « traditionnelles », et ce sans les affres de souffrance associées à celles-ci… Le calcul est vite fait, et l'essor du procédé, vite expliqué.

Le slogan en question, en soi, ouvre, tout le monde en conviendra, un abîme d'absurdité sans fond. Quatre heures de quel sport ? … Est-ce que 20 minutes de musculation sont égales à une heure de tennis, elle-même égale à 1 h 45 de vélo elliptique ? Et pour quel type de résultats ? Qui décide de cela ? S'il existe une échelle de mesure éprouvée permettant de connaître, en fonction de ses composantes physiques, combien d'heures d'aquagym sont nécessaires pour avoir les mêmes gains musculaires que trente-cinq minutes de Crossfit, et combien de séances de Crossfit amènent aux mêmes bénéfices cardiovasculaires qu'une semaine de vacances à la montagne, qu'on me la présente maintenant : ma carrière s'en trouvera changée radicalement !

Une pratique n'a rien à voir avec une autre, elles développent toutes des qualités physiques différentes ; on affirmera même qu'une seule et même activité peut être orientée vers différents objectifs. De même que des gélules vendues librement sur Internet ne vous feront pas mincir, les vingt minutes d'EMS ne sont que ce qu'elles sont : vingt minutes d'EMS.

« On peut régler l'intensité et la fréquence des influx électriques pour cibler différents types de fibres. » Pire : « La machine remplace le cerveau. »

J'attire ici l'attention des jurés sur la gravité de la dernière citation, lue telle quelle sur le réseau social d'un coach proposant l'EMS à ses clients ; à mon sens, elle ne réside pas dans son côté racoleur comme la toute première citée, en promettant le moindre effort, mais dans ce qu'implique le principe même de vouloir supprimer l'action de l'encéphale et du système nerveux efférent dans le processus de sollicitation musculaire. Rappelons brièvement qu'il existe grosso modo trois « types » de fibres musculaires (I, IIA, IIX), des endurantes aux puissantes, des « rouges » aux « blanches », de diamètres différents, et qu'elles sont contractées via des influx nerveux par nos neurones, qui sont en gros des signaux électriques, on en a déjà parlé. Ces différentes fibres, outre les processus métaboliques pour utiliser l'ATP qu'elles utilisent, se différencient par leur vitesse de contraction, résultante de l'épaisseur des gaines de myéline des neurones qui les innervent, et donc de la vitesse de propagation de l'influx nerveux. Donc, EN THÉORIE, il est possible que différents signaux électriques puissent activer différentes contractions musculaires, mais en théorie seulement (on ne joue pas à *Docteur Maboul*, la connexion neurone-myocyte est complexe et il ne suffit pas de brancher une électrode sur une quinquagénaire sédentaire et hop, magie…), et ensuite, il est évident que si les fibres musculaires agissent en synergie, c'est pour effectuer des MOUVEMENTS (c'est d'ailleurs pour cela qu'on les entraîne : pour mieux faire les mouvements). L'efficacité de la commande motrice du cerveau par rapport au rendement du mouvement commandé est la base même de l'apprentissage en musculation… Quel est l'intérêt fonctionnel et quotidien de solliciter ses muscles sans action du cerveau ?

Si on parle d'esthétique, oui, vous pourrez perdre du gras si votre apport en calories est moindre que votre dépense, mais pas plus avec ce type de combinaisons qu'avec du tapis de course ou du golf, et pour ce qui est de l'hypertrophie musculaire, on a déjà évoqué l'importance du facteur excentrique justifiant l'utilisation d'amplitudes importantes. Or, la tension excentrique, de même que le mouvement, est absente dans le processus de contraction musculaire par EMS. Néanmoins, là encore : à contraction puissante, stress important, et chez une personne peu entraînée, on verra une adaptation structurelle à coup sûr. Mais alors, si des résultats peuvent effectivement être observés, et en présence d'individus dont les capacités physiques engendrent trop de maux pendant un entraînement avec mouvement contre résistance, pourquoi pas, me demanderez-vous ? Eh bien, parce que, croyez bien que pour obtenir des résultats approchant ceux obtenus en condition dynamique, il faut pousser la machine jusqu'à ce que les vingt minutes en question soient tout sauf agréables, et qu'à un stress aussi inhabituel succéderont, croyez-moi, des courbatures dantesques, voire pires ; en effet, les dommages musculaires (par exemple, on a pu observer des taux de *créatine PhosphoKinase* sanguins très élevés) accumulés lors de pareils efforts du muscle (que l'on n'aurait pu obtenir autrement chez une personne peu entraînée, ses capacités ne le permettant pas) risquent d'atteindre des niveaux dangereux pour la santé.

« Il n'y a pas d'impact sur les articulations », s'apprête à arguer en dernier recours la Défense – et je l'attendais sur ce terrain.

C'est vrai, c'est vrai : il est peu de pratiques sportives sans leur lot de tendinopathies et autres atteintes articulaires. Eh oui, parce que le mouvement engendre évidemment une action mécanique aussi sur les tissus conjonctifs qui enveloppent les muscles, sur les tendons, etc. Mais de même que la synthèse protéique dans les muscles permet de les faire progresser après l'entraînement, celle du collagène permet (plus lentement, certes) de faire progresser ces derniers de concert. Ainsi, à un muscle qui devient plus fort, on associe un tendon qui devient plus résistant. Mais alors, que se passe-t-il lorsqu'un muscle gagne en force (donc en action qu'il a sur le tendon qui le termine), indépendamment de ses aponévroses ? La Défense veut répondre, peut-être ?

Synthétisons une fois encore :
- L'EMS est gage d'une plus grande efficacité que l'entraînement contre résistance : FAUX.
- L'EMS diminue le risque de blessure à court terme : VRAI.
- L'EMS diminue le risque de blessure à long terme : FAUX.
- L'EMS peut être utilisé en complément chez les sportifs entraînés : VRAI.
- L'EMS est une alternative intéressante à l'entraînement contre résistance pour les sportifs lambdas/débutants : FAUX.

5 – PLUS PERFORMANT EN MANGEANT MOINS ?

Il est vrai qu'il n'était pas question d'aborder dans ce procès le volet « nutrition » de la musculation moderne, tant les courants y sont changeants et les progrès rapides, ces temps-ci. Aussi, vous ne me verrez pas devant vous aujourd'hui ricaner du véganisme, insulter le cétogène ou faire l'inventaire exhaustif des diètes colorimétriques, régime Dukan ou paléo, et autres horreurs contemporaines.

Toutefois, convenons ici qu'on pourra lire où on voudra que la musculation, « c'est 20 % entraînement, 80 % nutrition », puis tester un entraînement pertinent et une nutrition aléatoire avant de se tourner vers une absence d'entraînement, mais une nutrition optimale en attendant que ses muscles et/ou ses performances enflent, et on verra clairement ce qu'il en est réellement. Car s'il existe dans un domaine comme dans l'autre une infinité de paramètres à faire varier pour optimiser ses gains, il n'y a que l'absence de l'un ou de l'autre qui peut se concevoir comme parfaitement improductive.

Mais, me direz-vous, tout cela est fort logique : on ne peut pas progresser sur un exercice physique (énergétique donc) sans s'entraîner ou sans manger. Et pourtant, le jeûne intermittent, qui est la pratique consistant à se passer de nourriture de manière temporaire (encore heureux, car se passer de nourriture de manière définitive conduit invariablement à un seul et unique résultat : le décès), est pour beaucoup la démonstration d'un contraire à cette logique. Mais que veut dire « temporaire » ? S'il s'agit de ne plus espacer ses repas de trois à six heures, mais de dix ou douze, alors tout le monde est déjà pratiquant : cela s'appelle dormir et se produit chaque nuit.

Boost du système immunitaire, augmentation de l'anabolisme, guérison de pathologies, sécrétions hormonales accrues… On trouve aujourd'hui moult études qui « démontrent », de façon toujours isolée et non transposable, donc non valable, tous les bienfaits du jeûne. On trouve aussi, en cherchant un peu, tout le contraire ; on a déjà évoqué la crédibilité des études dans le domaine qui nous concerne. Et là où une privation de nourriture plus prononcée qu'à l'accoutumée entraînera, on s'en doute, des réactions de l'organisme inédites, il est forcément absurde, dans un domaine où l'on traite de l'énergie et de son utilisation par le corps, d'arrêter de manger pour progresser. Rappelons tout de même que l'utilisation de l'ATP, quelle que soit la filière utilisée, par l'organisme est régie par des substrats constitués par l'alimentation, et que le déficit calorique ou la privation d'alimentation ne peut être considéré autrement que comme un ralentisseur des processus métaboliques.

Pour ce qui est de l'augmentation ou de la diminution de la masse du corps, c'est-à-dire encore une fois de l'anabolisme et du catabolisme, c'est la balance apports/dépenses en énergie (kcal) qui est déterminante ; le jeûne peut donc être un allié dans un cas et un frein dans l'autre.

C'est évident :
- Le jeûne est un allié de la progression en musculation : FAUX.
- Le jeûne favorise le déficit calorique et la perte de masse grasse : VRAI.

* * *

6 – COACHER QUELQU'UN SANS LE VOIR

On a parlé, je crois, de biomécanique. Ou du moins, on l'a évoquée lorsqu'est venu le tour des amplitudes à la barre. On a pris, je crois, l'exemple d'un développé couché pour différencier amplitudes active et complète. Mais l'on n'a pas, j'en suis sûr, dit encore que du profil morpho-anatomique du pratiquant dépend cette amplitude, ainsi que la pertinence et le danger de tel ou tel exercice.

Pour rester sur notre exemple concret, on peut affirmer que des avant-bras longs en comparaison des humérus obligent l'athlète qui les possède à faire parcourir à sa charge de travail une distance supérieure à celle que parcourra la charge poussée par des avant-bras courts, sur un développé, le désavantageant du point de vue de la performance et augmentant son risque de blessure, notamment à l'épaule, car l'étirement des muscles et tendons s'en trouvera accru. De même, des fémurs longs placent le point de flexion de la jambe (genou) relativement « bas » sur celle-ci, augmentant le levier actif lors d'un squat, et donc le *moment de force* (exprimé en *Newtons.mètres*) exercé par rapport à ce point. Le pratiquant doté de fémurs courts mais de longs tibias sera, lui, bien plus avantagé, d'autant plus s'il a un buste long comparativement à ses jambes (moins besoin de se pencher en avant pour répartir les masses autour de la verticale au centre de gravité). Mais si ces considérations, mises en corrélation avec des points faibles esthétiques et/ou techniques permettraient de prétendre qu'un personal trainer, sur observations de clichés photographiques détaillés et après entretien avec son client, peut tout à fait établir à distance un programme d'entraînement intéressant pour son client, nous nous devons d'apporter sans attendre le contrepoids à ces arguments.

En effet, la détermination des exercices servant tel ou tel objectif chez tel ou tel sportif particulier et leur association n'est pas la majeure partie du travail d'un entraîneur personnel. Non, il s'agit du guidage lors de l'exécution des mouvements. En effet, un exercice correctement choisi un tant soit peu mal exécuté vaudra bien en définitive n'importe quel autre exercice. Si un développé incliné aux haltères se justifie devant le manque d'hypertrophie d'une partie claviculaire de ceinture scapulaire, une trop forte inclinaison du banc, une mauvaise amplitude et un tempo trop rapide de travail, un écartement non optimal des coudes par rapport au corps ou un jeu des scapulas sont autant de facteurs qui rendent ce mouvement presque inutile. Si un curl incliné aux haltères peut amener à une importante stimulation d'un biceps, souvent court, en retard, un mouvement du coude pendant sa flexion, une position du banc toujours trop proche de l'assise, une phase excentrique trop courte, ne feront peut-être que creuser l'écart entre ce point faible et d'autres atouts, etc. En définitive, et même avec un retour vidéo complet et régulier du client, aucun vendeur de programme « en ligne » ne peut corriger chaque mouvement de son élève en temps réel et s'assurer que ses choix de planification se tiennent (douleurs de pratiquant ? Incapacités de mobilité ? Calcul des charges mauvais en pratique ? …). Même après corrections post-séance, le temps perdu est maximal, et la rentabilité du programme, au plus bas.

Revenons sur les points majeurs :
- Il est nécessaire d'être diplômé et assuré pour exercer comme coach « à distance » : FAUX.
- Il est possible de produire un programme personnalisé sans voir le pratiquant : FAUX.
- Il est possible de s'assurer de la bonne exécution d'un programme par des instructions verbales ou écrites uniquement : FAUX.
- Il est pertinent d'acheter un programme proposé aussi à d'autres personnes en voulant obtenir les mêmes résultats qu'eux : FAUX.
- Un programme en ligne revient financièrement moins cher qu'un personal trainer à la séance : VRAI.

7 – À ÊTRE TROP LIBRE, ON FINIT PAR FAIRE N'IMPORTE QUOI

Si le thème qui vient maintenant n'a pas pris place dans la première partie, qui traitait de l'organisation de l'entraînement, c'est parce que nous ne remettons pas en cause l'utilisation des mouvements polyarticulaires à charges libres ni leur intervention « classique » en début des séances de nombre de pratiquants. On l'a déjà illustré, il est peu de tension mécanique en fin de phase concentrique sur les grands mouvements conventionnels à charge libre (jambes tendues au squat, bras tendus aux développés…), exception faite des tirages verticaux (rowing), mais il est en revanche très facile d'appliquer une grosse tension excentrique avec une charge libre, aucune poulie, aucun levier, aucun rail, autre que la gravité ne guidant le retour du geste ou ne limitant son amplitude, et une exécution appropriée permet d'aller jusqu'à l'étirement contraint très prononcé du muscle (en gros : rien d'autre que le pratiquant ne peut empêcher un haltère ou une barre de se rapprocher parfaitement verticalement et inexorablement du sol). Voilà la toute première valeur ajoutée des charges libres en musculation, contrebalancée par un risque de blessure accru. Pour autant, les suprématistes des charges libres, ceux qui rient au nez des machines et des poulies, oublient quantité de données.

Là où les arguments cités plus hauts sont un avantage dans une recherche d'hypertrophie, ils sont un inconvénient ailleurs, car en effet, si on ne remet plus en question l'importance de l'excentrique pour les gains, c'est également le cas pour les impacts sur l'organisme et pour les conséquences sur la récupération. Dans une planification de long terme, avec une fréquence d'entraînement élevée, la recherche de dominantes concentriques est primordiale, ainsi que celle de la tension maximum en position contractée maximale, zone de travail du muscle trop souvent délaissée par les haltères et barres (exemple : tout en haut de la flexion du bras, une poulie permet une tension maintenue sur un biceps, là ou un poids libre ne le peut pas). De plus, si l'on insiste autant sur l'exécution des gestes, alors comment ne pas reconnaître l'excellence de trajectoire qu'impose une machine bien conçue et bien adaptée à sa morphologie : comment ne pas concéder à la presse à cuisse la possibilité de placement, et en hauteur et en largeur, des pieds sur le plateau, et la priorisation de la tension mise sur la cuisse, ou le fessier, là où le squat libre ne permet que de garder la charge au-dessus des pieds ou approchant ?

Dans la même veine, si j'ose dire, le jury ne pourra que tomber d'accord avec nous sur la présence de résultats divers chez tous les pratiquants d'une même méthode aux charges libres (comme le Crossfit, par exemple) et qui s'explique par la face cachée de l'argument fallacieux : « Les mouvements globaux engagent plus de muscles et sont donc meilleurs pour la prise de muscle que les mouvements d'isolation. » Je reprendrai devant la cour le terme d'un éminent collègue, qui parlait de ce phénomène comme de la « préférence motrice », comprenez l'utilisation préférentielle de tel ou tel groupe musculaire par un individu en plein effort, pour obtenir le même résultat qu'un autre. À savoir : amener, pour illustration, la barre d'un point A à un point B sur un squat ; l'athlète peut parvenir à maintenir le dos vertical et utiliser en majeure partie l'extension du genou et les quadriceps, ou bien, à l'inverse, celle de la hanche et le grand glutéal en se retrouvant très penché en avant à mi-parcours, puis en se redressant. Ces préférences sont, en grande partie, dues à la morphologie du pratiquant, mais aussi à ses antécédents de pratiques, à sa typologie de fibres musculaires, ses insertions, ses innervations, etc.

Les mouvements polyarticulaires, surtout libres, sont AUSSI l'un des meilleurs pourvoyeurs d'inégalités de développement.

Donc :
- Les charges libres sont forcément meilleures pour l'hypertrophie que les résistances guidées : FAUX.
- Les charges libres sont plus adaptées au développement de la posture et de la coordination, voire de la force générale : VRAI.
- L'utilisation des charges libres présente plus de risques de blessures : VRAI.
- Les mouvements polyarticulaires libres doivent constituer le socle d'un programme de musculation : FAUX

* * *

8 – UN CARTOMANCIEN POUR LE MAL DE DOS ?

Et si, Mesdames et Messieurs les Jurés, la cour et tous ceux qui constituent l'assistance de cette audience, tous ensemble, votre serviteur inclus, nous nous essayions à imaginer une définition approximative et simple de ce que pourrait être, disons, le « magnétisme animal » (pratique des *magnétiseurs*) ? Si vous le voulez bien, je me ferai la voix de notre imaginaire collectif ; cela pourrait donner à peu près ceci : « Approche thérapeutique non conventionnelle et à l'efficacité non ou mal établie, qui repose sur l'idée d'un fluide magnétique universel dont on pourrait faire une utilisation médicale. »… Cela vous va ? Bien.

À présent, regardons de concert sur Wikipédia (tout ce qui va suivre est donc tout sauf affabulation de notre part), afin de voir quelle définition populaire de l'ostéopathie y est proposée. Lisons : « Approche thérapeutique *non conventionnelle* et à *l'effica-*

cité non ou mal établie, qui *repose sur l'idée* que des manipulations manuelles du système musculo-squelettique et des techniques de relâchement myofascial permettent d'apporter un soulagement dans le domaine du trouble fonctionnel. »... Tiens donc !

Certes, le procédé peut en somme paraître un tantinet malhonnête, et aux – très, trop – nombreux défenseurs de la pratique, qui permettent à moult cabinets de fleurir aux quatre coins du pays (un peu comme les box de Crossfit...), et que déjà je vois se lever, je dis que si Wikipédia n'est pas parole d'Évangile, que dire de la loi ? ... Que dire du fait que l'ostéopathie ne soit pas, en France, reconnue comme appartenant à la médecine, qu'elle ne soit à ce titre pas remboursée par la sécurité sociale, et qu'un ostéopathe ne puisse établir d'arrêt de travail ni de certificat médical ? Je vous laisse seuls juges.

J'ai déjà parlé, je crois, de mon ami et collègue qui effectuait à titre de démonstration du principe d'intensité relative des séries de squat à la barre avoisinant les deux cents kilos de charge additionnelle. Eh bien, cet ami, entre une série de quinze tractions lestées et un repas de mille deux cents kilocalories, s'amusait à faire craquer le dos de ses clients qui se plaignaient de ces fameux « troubles fonctionnels » avant de leur assener : « Tu vois, là, je t'ai remis une vertèbre en place, tu verras, ça ira beaucoup mieux dorénavant. » Évidemment, il s'empressait de leur avouer la supercherie, car lui et moi, et vous bientôt, sommes d'accord : une *vertèbre déplacée* est un trouble grave et pas si courant, et une manipulation manuelle ne change pas la position des os dans l'immense majorité des cas, n'en déplaise aux experts du marketing plus que du remède manuel. La sensation d'amélioration ou de soulagement immédiate qui peut intervenir suite à une séance d'ostéopathie résulte – si d'autre chose que de l'effet placebo – de l'impact mécanique sur les tissus proximaux (tendons, muscles, disques, etc.) et de la perturbation des récepteurs sensoriels, ou tout bêtement de la diminution des symptômes du patient. Eh oui, car là où un ostéopathe ne peut être qualifié de soignant, c'est qu'il traite les symptômes et non les causes du dysfonctionnement. Exemple : un massage d'une zone lombaire douloureuse peut induire une détente des muscles spinaux et/ou une décompression des disques intervertébraux, mais en aucun cas agir sur la source de la lombalgie (une trop grande rigidité du muscle psoas ou une usure des disques, par exemple), et sur le retour en force de celle-ci, quand bien même on obtiendra une atténuation passagère de la douleur.

Certes, ce type de discours est très mal entendu aujourd'hui, dans un contexte où même les voyants et autres médiums ont le vent en poupe, mais nous tenons à rassurer les adeptes convaincus des manipulations corporelles à but thérapeutique : il existe des professionnels de santé remboursés, appelés kinésithérapeutes...

* * *

9 – LE YOGA N'EST PAS UN SPORT

Faites du yoga. Mesdames et Messieurs les Jurés : FAITES DU YOGA. Pratiquez le Pilates, ou même la randonnée, si c'est ce qui vous plaît. Il n'est pas question ici d'une diatribe contre une pratique quelconque. Mais ne vous trompez pas sur les motivations qui vous y poussent. Et par-dessus tout : ne trompez pas les autres.

Si le yoga vous détend, s'il vous permet de vous « reconnecter à vous-même », si le Pilates vous donne une « impression de plénitude », alors personne ici ne viendra vous dire de cesser. Mais à tous ceux qui vantent les mérites d'une gym douce en général à des fins de « renforcement musculaire », qui en font un « sport complet » qui sollicite le « core », et j'en passe, je dis : vous êtes des escrocs, et tout le monde doit le savoir.

Certes, certains mouvements de la méthode Pilates impliquent l'utilisation de certains muscles de manière intéressante, certaines postures de yoga demandent une mobilité et un travail de la souplesse importants… Mais ces pratiques n'ont rien de logique dans une optique ni de travail musculaire ni de stretching : elles n'obéissent qu'à des chorégraphies ou des thèmes pré-écrits, s'affranchissent des lois de la biomécanique, ne répondent à aucun objectif final autre que le plaisir et délaissent totalement l'individualisation ; comme pour du tennis ou une partie de PlayStation, la seule amélioration que l'on peut y viser est de devenir meilleur en yoga ou en Pilates.

Enfin, à ceux qui étaient sensibles à l'argument de la législation au chapitre précédent, j'assure qu'il est encore valable dans celui-ci. En effet, le Pilates est une méthode déposée (créée au vingtième siècle par Joseph Pilates, un sportif aucunement coach ni diplômé d'aucun domaine de santé ou de sport), une « marque », et il faut selon les cas une formation payante pour l'enseigner, qui n'est en aucun cas un diplôme d'État ; le yoga tire ses origines de la religion et de la spiritualité, et s'il en existe de nombreuses branches, avec tout un lot de formations privées, d'écoles, là encore onéreuses, rien n'est légalement obligatoire pour s'improviser enseignant. Aucune de ces deux disciplines n'est d'ailleurs reconnue comme un sport dans notre pays, et il n'est même pas nécessaire d'être coach diplômé d'État pour les dispenser.

En clair :
- Faire du Pilates ou du yoga pour améliorer ou restaurer une qualité physique quelconque est un bon choix : FAUX.

3

ABERRATIONS PARTICULIÈRES

Pour beaucoup d'entre eux, on l'a dit et répété, comme que l'alcool est dangereux pour la santé ou que le temps, c'est de l'argent, il faut ARRÊTER À TOUT JAMAIS DE FAIRE ÇA. Et pourtant…

Princes couronnés au royaume de l'entêtement des pratiquants de fitness, ils ont la dent dure :

* * *

1 – LE « TIRAGE NUQUE » N'EXISTE PAS

Avant tout, il faut bien rappeler à la cour que si le « tirage vertical » est un exercice connu et recensé, avec un réel intérêt en musculation, le « tirage nuque », appelé ainsi par abus de langage suite à la popularisation il y a plusieurs décennies d'une variante atroce par les mêmes qui ont élevé le stupide Curl Larry Scott ou l'abominable Développé Arnold au rang d'incontournables funestes du bodybuilding, n'existe même pas ; il n'est que le fruit des expérimentations hasardeuses d'anciennes célébrités, usant (et j'anticipe ici les potentielles accusations de diffamation de la Défense) très probablement de tellement de substances prohibées qu'elles auraient pu faire du golf avec les mêmes résultats, et prêtes à tout pour attirer attention et notoriété.

Nous passerons finalement rapidement sur les dangers de la pratique, qui sont inhérents à la poussée de la tête de l'humérus dans la coiffe des rotateurs et sur les tendons de celles-ci lorsque l'on cherche faire l'adduction du coude derrière le niveau de la clavicule sur le plan frontal. Car, en clair, le jury trouvera nombre d'articles et vidéos, avec un simple ordinateur connecté à Internet, lui détaillant les méfaits potentiels de l'accusé. Car un accroissement du risque se justifie toujours par un potentiel gain en tension mécanique et donc en hypertrophie (le squat complet ou le développé couché sont des exercices à risque, mais présentant un réel intérêt en musculation, on l'a évoqué lorsqu'on passait en jugement les amplitudes et leurs conséquences, il me semble). Or, le tirage nuque est avant tout un mouvement, pardonnez-moi, votre Honneur, totalement naze.

Et quiconque a un jour ouvert un bouquin d'anatomie le sait bien. En effet, si l'on simplifie à l'extrême, le grand dorsal s'insère sur une partie du rachis, sur les dernières côtes et le bassin et sur la face ANTÉRIEURE de l'humérus. Ainsi donc s'explique que sa fonction première soit la RÉTROPULSION de celui-ci, et que si sa partie haute, qui va de la septième vertèbre thoracique à la gouttière bicipitale, comporte des fibres obliques et sert tout autant à l'adduction du bras, le compromis parfait est inévitablement trouvé en présence d'un maximum d'amplitude, ET en rétropulsion ET en adduction, DONC lorsque le coude est le plus loin possible en AVANT et sur le CÔTÉ de la scapula en fin de phase excentrique. C'est ainsi que l'on obtient la sollicitation du maximum d'unités contractiles simultanées, et même s'il existe de rares profils morphologiques pour lesquels tirer derrière la nuque se fait naturellement sans avoir à pencher la tête en avant ni à contraindre anormalement l'articulation de l'épaule, et donc chez qui le tirage nuque sera une presque pure adduction du bras, nos conseils s'appliquent au plus grand nombre.

D'ailleurs, il est de bon ton ici de rappeler que les fonctions déjà évoquées du grand dorsal sont complétées par la mention

« lorsque la scapula est point fixe ». Cela permettra à tous ceux, dans l'assistance, qui vont vers l'arrière pendant le tirage ou s'amusent à décrocher et raccrocher leurs omoplates en haut du mouvement de cesser immédiatement.

C'est tout pour moi, Votre Honneur :
- Le tirage nuque est un bon exercice de musculation du dos : FAUX.
- Le tirage nuque permet de recruter des muscles/fibres que ne recrute pas le tirage poitrine : FAUX.
- Le tirage nuque est plus dangereux à long terme que le tirage poitrine : VRAI

* * *

2 – LE MOT « ARNOLD » NE LÉGITIME RIEN

Je demande avant même le début de ma plaidoirie au tribunal de laisser quelques instants aux membres du jury qui ne sauraient pas encore de quel exercice on parle pour dégainer leurs smartphones et se faire une idée du mouvement… C'est bon ? Accusé, levez-vous !

Que vous visiez, chers athlètes, l'hypertrophie myofibrillaire (des muscles plus gros), le renforcement musculaire, le gain de force, de puissance (des mouvements plus explosifs) ou une amélioration de vos capacités aérobies (des muscles plus endurants), l'idée de la musculation reste la même : opposer une résistance à un mouvement, afin de solliciter le(s) muscle(s) responsable(s) de ce mouvement, et ainsi les entraîner à devenir plus performants, au sens large. On a déjà amplement tourné autour du concept précédemment.

Ainsi donc, un mouvement de musculation se conçoit facilement comme l'opposition en sens de deux forces de MÊME DIRECTION : l'une initiée par vous et l'autre par la résistance utilisée (haltères, poulie, élastique, masse de son propre corps...), ces deux forces devant bien sûr être de valeurs inégales (sauf dans le cas d'un travail isométrique). OR, on RAPPELLE que dans le cas où l'on utilise une charge libre, comme des haltères, la résistance que vous opposeront ceux-ci est OBLIGATOIREMENT verticale, puisque la force qu'ils maximisent est la gravité. Un mouvement de poussée verticale ET ascendante est donc cohérent, puisque de même direction que la résistance et de sens opposé (les muscles servant à l'antépulsion se verront sollicités). Mais lors d'un développé Arnold, qui comporte une tâche de rotation des humérus et d'écartement des haltères de l'axe médian, toute la composante horizontale du mouvement n'est pas opposée à la résistance, et ne sert donc à rien d'autre qu'à rendre votre développé militaire de base moins efficace puisque moins chargé, et plus dangereux puisque multipliant les contraintes au niveau de la coiffe des rotateurs par les mouvements supplémentaires de rotation de la tête de l'humérus. Pour les mêmes raisons, un mouvement qui n'est pas de même direction que sa force opposée n'est jamais pertinent, puisque les muscles sollicités en premier lieu, ceux qui s'opposent à la résistance, ne sont pas les muscles responsables dudit mouvement. On citera en vrac : le *shadow boxing* avec haltères dans les mains chez les boxeurs cherchant à rendre leurs coups plus puissants, le *L-Fly* debout avec une charge libre dans la main, les mouvements de poussée horizontale de barres ou haltères en position debout...

... Merci Arnold.

3 – LE « CURL PUPITRE », OU COMMENT GÂCHER UN CURL NORMAL

Votre Honneur, si la parole est toujours à l'accusation, j'aimerais appeler celui dont l'homme qui lui a donné son nom n'a que peu de motifs d'être fier, si l'on fait exception de son injuste popularité. Curl « Larry Scott » : veuillez vous présenter à la barre.

Si vous lâchez un haltère, il tombera, attiré via l'attraction gravitationnelle et le long du *vecteur g*, selon une trajectoire parfaitement verticale vers le centre de la Terre. En convenez-vous, accusé, ainsi que la cour ? Eh oui, forcément, car comme chacun s'en souvient, on l'a déjà mentionné à d'autres sujets lors de cette même audience : quand bien même ce serait redondant, lors de l'utilisation de charges libres, la résistance est TOUJOURS STRICTEMENT verticale. Postulat numéro 1.

Le « curl » (flexion du bras, en français), quelle que soit sa variante, sollicite la fonction de flexion du coude du biceps brachial, étirant prioritairement le chef long (qui participe à l'antépulsion de l'humérus, car bi-articulaire) en plaçant le coude en arrière du corps, ou, EN THÉORIE, plutôt le chef court en plaçant le coude en avant du corps. Postulat numéro 2.

Oui, mais si la résistance est verticale et que l'humérus aussi, et que le but est d'opposer une résistance à la flexion du coude, alors il va de soi que la tension sur le biceps décroît lorsque l'avant-bras se rapproche à son tour de la perpendiculaire au sol, et que donc la tension est maximale à la parallèle à ce sol, au moment où le levier est le plus important. Or, si l'on place le coude vers l'avant, donc le bras plus proche de la parallèle au sol, on diminue la distance qui sépare l'avant-bras de la verticale et de la tension « zéro », et donc l'amplitude active du mouvement. On réduit donc l'efficacité d'un curl d'autant qu'on avance le coude. Pour s'en convaincre, il vous suffit, chers jurés, de faire l'essai et de constater qu'il n'y a aucune difficulté à maintenir la charge en haut du mouvement : il n'y a alors plus de force exercée contre le biceps, qui est au repos.

Variantes intéressantes cependant (et nous nous targuerons bien ici d'un certain fair-play en prenant à notre compte les paroles de la Défense) : prendre plus lourd qu'on ne peut soulever et ne travailler que la phase excentrique du mouvement, car seule une charge supérieure à la RM justifie une amplitude réduite. Ou utiliser une poulie, afin de pouvoir diriger la force de résistance et maintenir une tension continue (ou encore un élastique pour une tension progressive, et une dominante concentrique très intéressante, amenant à une tension maximum dans une position d'« ultra contraction » jamais atteinte avec des charges libres).

Donc :
- Le curl pupitre permet de mieux recruter le chef court du triceps qu'un curl « classique » : FAUX.
- Le curl pupitre aux charges libres présente une variante intéressante à d'autres exercices ciblant les biceps : FAUX.
- À la poulie ou avec l'apport d'un élastique, le curl pupitre devient un exercice à recommander pour le travail du biceps : VRAI.

* * *

4 – PAR LA PRISE S'EXERCE LA FORCE

Venons-en à présent à un point, encore vierge de nos débats, et qui pourtant nous tient particulièrement à cœur : la transmission de la force. Si le Tribunal m'y autorise, je me lance :

Si on a fait place nette sur le sujet de la force exercée par l'humain, via son système nerveux et ses muscles, contre une résistance, il demeure à traiter une composante majeure de la performance en musculation : comment la force du corps se transmet à l'objet déplacé, initiant ainsi son mouvement ? Eh bien, et même si je me fais railler de signifier l'évidence : par l'endroit où on le touche. Ainsi donc, et c'est tout autant une évidence, plus la surface de contact à l'objet est importante et plus la transmission de notre force l'est de concert, et notre efficacité sur le déplacement de la charge également. Si vous peinez à l'admettre, figurez-vous pousser un rocher pour tenter de le faire rouler avec le bout d'un bâton, puis avec vos deux mains ; si votre force le permet, c'est le second cas qui verra bouger davantage le rocher. Il en va de même pour la musculation, où de grands pieds vous permettent de mieux transmettre votre poussée au sol, où les powerlifters placent très bas la barre sur leur dos pour qu'une plus grande partie de celle-ci le touche, et où tenir une barre de gros diamètre avec de petites mains ou une barre fine avec de grandes mains peut radicalement changer votre série.

Le pourquoi certains utilisent des surgrips en mousse sur leurs équipements s'éclaire alors, de même que l'utilisation de bandes de tirage en tissu lorsqu'il est concevable que cette jonction matériel/corps puisse être le facteur limitant d'une série, là où, par exemple, les muscles préhenseurs de l'avant-bras fatigueront avant le grand dorsal ou les fessiers sur un tirage vertical, ou un soulevé de terre... Si, également, vous vous demandiez pourquoi une barre en triangle pointe en haut améliorait vos extensions triceps par rapport à une corde ou autre matériel, vous comprenez maintenant où la surface de contact devient un paramètre à prioriser dans vos entraînements... Et pourquoi, le triceps brachial ne jouant aucun rôle dans la rotation du bras, les extensions poulie haute en supination ne servent à rien d'autre qu'à empêcher la paume de la main d'être dirigée dans le sens de la poussée, et pourquoi, si le développé Arnold et le curl pupitre tenaient des places de choix chez les exercices ahurissants, celui-ci complète sans rougir le podium.

Toujours dans le même thème, et avant de laisser la parole à la Défense qui, j'en suis sûr, passera son tour, nous évoquerons la taille de la barre utilisée : avez-vous déjà trouvé qu'avec une barre plus courte qu'une autre, même de même masse, vous étiez meilleur ? Si oui, cela s'explique par le moment de force, dont nous avons déjà parlé, qui diminue lorsque la distance entre le point d'action de la force sur la barre et les extrémités de celles-ci diminue (la part du travail d'« équilibre » dans l'effort est diminuée si la charge est moins loin de nous). Autres « détails qui comptent » :
- Une barre « EZ » diminue le recrutement du biceps brachial : VRAI.
- Des semelles type haltérophilie, plates, favorisent la performance sur les mouvements de jambes : VRAI.
- Des disques de plus grosse épaisseur améliorent le « rebond » au sol sur des séries de soulevé de terre : VRAI.

* * *

5 – TOUT ENTRAÎNEMENT EST FONCTIONNEL

Surprise : le « functional training », ça n'existe pas. Et pour cause : qu'est-ce que cela peut bien vouloir dire ? Si quelqu'un dans l'assistance en a la moindre idée, qu'il parle maintenant.

… Un entraînement qui permet de s'améliorer au quotidien ? Qui recrée donc des mouvements « complets », proches des mouvements de la vie de tous les jours ? Déjà, il est clair que pour la plupart d'entre nous, frapper une balle de baseball avec une batte, sauter un mur d'un mètre cinquante de haut ou escalader une falaise sans l'aide des pieds ne FAIT PAS partie des activités quotidiennes. Tous ces mouvements alambiqués, nés dans l'esprit des spécialistes de la discipline qui ont fleuri ces dernières années sur le Net, la plupart du temps utilisant mal le principe de mouvement contre résistance et faisant intervenir des contraintes articulaires illogiques pour engendrer des résultats non mesurables, ne sont pas plus « fonctionnels » qu'un squat, un soulevé de terre ou un développé couché, qui engendreront plus de tension musculaire, plus localisée, en rendant notre structure plus efficace dans le champ d'action respectif des muscles travaillés, et donc pour tout mouvement, quotidien ou non, où ils interviendront.

… Un entraînement qui rend meilleur dans sa pratique sportive ? On rentre ici dans le champ de la *préparation physique*, où effectivement, certains exercices incluent de multiples composantes, axés vers la progression sur une mêlée de rugby, un shoot à trois points en extension, un service slicé extérieur, etc., mais on ne parle plus de musculation à proprement parler (d'ailleurs, dans la plupart des préparations physiques, des exercices de musculation conventionnelle ont une place à part entière, pour les raisons évoquées précédemment). C'est alors le terme qui est mal choisi, car si « fonctionnel » signifie « qui répond à une fonction », alors faire une sieste est un bon entraînement à la fonction de dormir, de même que la musculation est le meilleur entraînement pour les muscles à satisfaire à leurs fonctions.

… Pour avoir des muscles « plus fonctionnels », et pas nécessairement hypertrophiés et inutiles ? (Quelqu'un a vraiment dit ça ??) On l'a déjà dit, un myocyte est un assemblage de composantes, avec quelques variantes, de sorte qu'il existe par exemple des muscles *lisses* (organes non contrôlés par le cerveau) ou *striés* (qui actionnent le squelette), mais pas des muscles « fonctionnels » ou « non fonctionnels »...

En définitive :
- La musculation à but d'hypertrophie n'est pas « fonctionnelle » : FAUX.
- Il existe des entraînements plus « fonctionnels » que d'autres : FAUX.
- Le « functional training » est un courant plus propice à la santé : FAUX.

* * *

6 – LE GRAND DROIT FAIT LA FLEXION DU RACHIS. POINT

Parmi les nombreux sujets conflictuels qui divisent le milieu du fitness, il en est un, particulièrement absurde à nos yeux, qui mérite d'être soumis à la cour : le travail des abdominaux, ou plutôt le travail valable ou non des abdominaux.

À vrai dire, le débat auquel nous pensons porte sur un point – et un muscle (le grand droit de l'abdomen) – en particulier : *crunches ou pas crunches ?*

Depuis la fameuse « méthode » de *Bernadette de Gasquet* en particulier, et sa généralisation à outrance dans tous les domaines du sport, une foule massive se dresse contre l'utilisation du « crunch » (« flexion de buste » en français) pour le travail des abdominaux, invoquant toute une batterie d'arguments tels que les possibles descentes d'organes, hernies inguinales, atteintes du périnée, douleurs lombaires ou cervicales... On ne compte plus les articles, ouvrages, commentaires Facebook haineux sur le sujet... Et pourtant, il n'y a, pour ainsi dire, pas débat.

L'erreur première, celle qui est à la base de tout et qui conduit le coach de votre salle de quartier, affublé d'un polo floqué de la formule « PERSONAL TRAINER » dans le dos et d'un BPJEPS AGFF double mention, à citer des livres qu'il n'a pas lus à tort et à travers pour montrer que vous avez besoin de lui ou se démarquer des autres porteurs de polo, consiste à utiliser des arguments de santé-prévention dans le domaine de l'esthétique-performance. Messieurs, Mesdames, j'ai un scoop pour vous : le développé couché est dangereux pour les épaules, le squat pour les genoux, et le soulevé de terre pour le dos, et pourtant, leur utilité ne fait pas débat pour nombre d'objectifs. Pour aller plus loin, on peut même affirmer que tout exercice qui vise une adaptation structurelle et/ou nerveuse par l'approche de l'échec, ou du moins la recherche du stress mécanique le plus important n'est pas une pratique d'amélioration ou de restauration de la santé ; il ne faut pas tout mélanger.

Alors si, certes, il existe quantité d'exercices qui solliciteront les fonctions posturales et équilibrantes de la sangle abdominale, le muscle grand droit (les fameuses « tablettes de chocolat ») sert en premier lieu à rapprocher le pubis du sternum, et ce via la flexion de la colonne vertébrale. Et donc, surprise : pour le développer et le rendre visible/dessiné/saillant, il faut fléchir le rachis contre résistance, et qu'est-ce que cela donne ? Un crunch, ou un relevé de bassin, très bien. Mais PAS une flexion de la hanche. Détails :

Autant une flexion de la zone dorsale du rachis permet d'engager presque exclusivement le fameux grand droit, autant une flexion de la hanche (relevés de jambes) fera intervenir principalement des muscles comme le psoas (déjà souvent bien assez sollicité en contraction) ou le droit fémoral... Ainsi, tous les « V-sit », battements de jambes sur le dos, « mountain climber » en tous genres et compagnie ne vaudront jamais un point d'insertion mobile (sternum) et un point fixe (pubis), comme sur la plupart des exercices permettant une mise sous tension optimale (sur un exercice de pectoraux, l'insertion sur l'humérus bouge, pas celle près du sternum ; sur un curl biceps, l'avant-bras se déplace et pas l'épaule, etc.). S'il existe malgré tout un ressenti de « brûlure » abdominale sur ce type d'exercices navrants, c'est par le mouvement du bassin consécutif à celui des jambes, qui malgré tout garde le grand droit en action, même isométrique ou infime, durant une période assez importante pour engendrer l'acidose. Enfin, notons que l'aspect « tablette » du muscle grand droit est dû aux « barres » tendineuses qui le traversent, de nombre inégal d'un individu à l'autre, et que cet état de fait ne laisse que peu d'épaisseur de fibre linéaire. On comprend donc qu'engendrer un stress mécanique propice à l'hypertrophie sur ce muscle permet moins de hasard que sur un autre muscle plus gros, et qu'obéir aux règles de technique rigoureuse, de charge additionnelle et de récupération est primordial ; sans doute à cause du fait que c'est souvent le taux de masse grasse du pratiquant, facilement présente au niveau du ventre, qui conditionne la visibilité du grand droit, on constate qu'il s'agit sûrement du seul muscle qu'on voit travailler en série longue, sans charge, parfois tous les jours, comme s'il bénéficiait d'un statut à part.

En gros :
- Hypertrophier sa sangle abdominale présente un risque de blessure : VRAI.
- Il existe de meilleures façons d'hypertrophier le grand droit de l'abdomen que d'utiliser la flexion du rachis : FAUX.
- Correctement effectué, un crunch présente un risque de blessure plus élevé qu'un autre exercice de bodybuilding : FAUX.

7 – S'ASSEOIR SUR UN LAVE-LINGE NE PRÉPARE PAS AU RODÉO

Ouvrez Instagram et vous verrez un coach du dimanche, affublé d'un masque imitant une mâchoire de squelette (dans quatre-vingt-dix pour cent des cas), vous informer à grands cris qu'il part augmenter, au choix, son endurance/sa puissance/son cardio/sa récupération en courant avec ce type de dispositifs (si vous tombez sur un champion qui couple cette originalité avec un protocole d'EMS, vous aurez sans doute droit à l'affirmation « vingt minutes avec ça valent soixante sans » ; ne soyez pas surpris).

Le « masque d'élévation », appelé couramment « training Mask » et conseillé partout, de YouTube à l'enseigne d'articles de sport en bas de ma rue, sauf chez les gens qui réfléchissent, est un dispositif de « filtrage » de l'air inspiré qui, en limitant la quantité d'air absorbée par le pratiquant, creuse rapidement l'écart entre son besoin en oxygène et son apport. Eh oui, c'est un dispositif qui recrée le principe de détresse respiratoire : vous ne rêvez pas.

L'idée de base des fabricants peu scrupuleux de ce système est d'apporter à l'acheteur une simulation des conditions réputées de l'entraînement en altitude, utilisé par nombre d'athlètes d'endurance. Le principe de ce dernier est le suivant : à l'augmentation de l'altitude correspond une diminution de la pression atmosphérique, et donc une moins grande densité de l'air pour un volume donné (contrairement aux idées reçues, il n'y a pas « moins » d'oxygène, en pourcentage de composition de l'air, en altitude ; il est juste moins facile à absorber en respirant), entraînant avec le temps une hausse de la production corporelle d'*érythropoïétine* (EPO), amenant à plus d'hématies (globules rouges), et donc à un meilleur transport de l'oxygène par le sang, entre autres.

Notez, chers jurés, l'expression choisie « avec le temps » que j'ai utilisée. Car évidemment, ce n'est pas en deux sorties de running dans les Alpes qu'un changement substantiel sur les performances de l'athlète se fera ressentir, mais en plusieurs semaines, et alors, l'effet obtenu se dissipera en quelques jours une fois revenu au niveau de la mer. L'utilisation occasionnelle d'un dispositif de « remplacement » de l'altitude apparaît déjà comme utopique, et encore, ce n'est rien.

Car, en effet, diminuer la quantité d'air absorbé (et peut-être aussi du dioxyde de carbone expiré, selon la qualité du dispositif…) n'a rien à voir avec diminuer la densité de la pression atmosphérique et la densité de cet air, et aux maniaques des pseudo « études », nous rappelons qu'à ce jour, aucune n'a pu mettre en évidence la moindre augmentation des capacités aérobies lors de l'utilisation de training masks. Quant au second argument des irréductibles de la méthode, qui est que la respiration contre résistance permet, comme tout entraînement de ce type, de renforcer les muscles concernés, ici, respiratoires, nous demanderons s'ils pensent qu'un asthmatique a des muscles respiratoires plus efficients… Diminuer la quantité d'air disponible peut surtout amener à l'hypoxie, voire à l'hyperventilation, mais surtout diminuer votre volume optimal et votre qualité d'entraînement, ce qui, jusqu'à preuve du contraire, n'est pas la meilleure voie vers la progression.

Enfin, pour filer la même idée, utiliser un training mask lors d'exercices de renforcement musculaire pour augmenter, par exemple, son retour veineux, conduira juste à faire du système cardio-respiratoire le facteur limitant de vos séries, rôle qu'étaient censés occuper vos muscles.

L'accusation accepte volontiers, cependant, de reconnaître qu'à ce jour, nous manquons d'études à long terme et à gros échantillons portant sur l'entraînement avec training mask, notamment sur des intervalles de haute intensité, de type « fractionné », où les résultats seraient potentiellement plus intéressants.

Au risque d'enfoncer des portes ouvertes, je résume notre positionnement à la cour :
- Le training mask permet de rendre l'entraînement plus efficace : FAUX.
- Le training mask permet de rendre l'entraînement plus difficile et plus dangereux : VRAI.

* * *

8 – DES BANDES POUR OCCLURE LES PERFORMANCES

Un peu dans la même « veine » – c'est bien le cas de le dire – les « bandes d'occlusion », qu'on pourrait croire arrivées fraîchement à la mode, mais qui en vérité datent des élucubrations d'un certains *Sato* dans les années soixante, « scientifique » qui, en constatant une sensation de brûlure dans ses cuisses après être resté quelque temps à genoux, s'est dit que la privation d'oxygène à destination des muscles pouvait permettre leur hypertrophie, voire un gain de force (car pendant les squats, ses cuisses le brûlaient de la même façon ; la logique s'arrête là).

Le principe, largement popularisé aujourd'hui, est de réduire le *retour veineux*, mais pas l'afflux artériel, en somme d'empêcher le sang de repartir des muscles, mais pas d'y entrer, les transformant en pompes formidables et empêchant rapidement l'oxygénation des cellules musculaires. Aussi nommée entraînement par *hypoxie*, cette méthode permet d'atteindre l'échec avec des charges très légères et rapidement, d'augmenter le volume des cellules et des muscles jusqu'à saturation par congestion, et donc, EN THÉORIE, de limiter le risque de blessures et d'augmenter le stress métabolique, la sécrétion autocrine de gH, et le recrutement d'unités motrices, et EN PRATIQUE, de risquer hématomes et thromboses à long terme (même si on est parfaitement conscient que le risque n'est pas le facteur de rejet à prendre en compte prioritairement), de limiter les paramètres tendineux dans le processus de performance et de limiter le volume de travail affectable à un groupe musculaire.

Un peu comme *la théorie des fascias* qui conduit à des entraînements farfelus comme le *FST7*, la prise de masse musculaire est la conséquence à long terme de l'adaptation des myofibrilles à un stress mécanique, et les facteurs métaboliques ou sarcoplasmiques ne sont que surestimés. Et là où, encore une fois, des études japonaises croient démontrer les gains de l'entraînement par ischémie sur une poignée de débutants chez qui les charges maximales sont de toute façon très faibles et la différence infime, nous rétorquerons que n'importe quelle autre méthode donnera les mêmes résultats, et que, si études il fallait faire, nous aurions aimé qu'elles soient faites sur la résistance à la fatigue métabolique sur les athlètes concernés tels que des coureurs de quatre cents mètres ou des rameurs, par exemple.

Notre avis :
- Les bandes d'occlusion permettent d'optimiser l'entraînement en musculation : FAUX.
- Rendre un mouvement plus difficile le rend plus efficace : FAUX.

ÉPILOGUE

« *Aujourd'hui est un autre jour.* »

Auteur inconnu

Aussi certain que moi (« Je » dans le texte), je suis convaincu de ce que j'avance au fil de ces pages, fruit de recherches, d'expérimentations et de mises en relation des lois de la mécanique, péremptoires, et de celles, plus souples, de l'anatomie fonctionnelle, il n'est pas de mentalité souveraine qui n'évolue régulièrement, et comme au sein d'un Tribunal, tous les arguments, à charge comme à décharge, ont le droit d'être entendus ; ne prenez jamais la première parole exprimée pour vérité absolue, ni la dernière.

Aussi certain que ce livre fait état d'un réel parti pris et d'un jugement sévère de certains aspects du fitness moderne, dont tant d'autres sont encore à évoquer, l'audience que je fais figurer ici n'est que parodie, et personne ne vous fait la morale à vous, lecteurs. Seul celui qui ne fait rien ne fait pas d'erreurs. Et je remercie, afin d'épiloguer encore un peu, le « nous » que vous avez pu lire en place de « je » à quelques occasions : mon équipe, mes associés, les gens qui ont cru en moi, avec qui je travaille au quotidien, ou qui m'accompagnent et me soutiennent simplement chaque jour. Ils se reconnaîtront.

Je, nous, le répétons : faites, même imparfaitement, afin de vous élever au-dessus de ceux qui jugent seulement. Et si ces lignes peuvent vous permettre de faire, non pas parfaitement, mais mieux, alors n'attendez pas de changer encore d'avis, n'attendez pas le prochain cycle, la prochaine semaine, le prochain legs day : aujourd'hui est un autre jour.

Tancrède Culot-Blitek

PROLOGUE..7
PLANIFICATIONS DOUTEUSES...................................9
    Le « PPL »..9
    Le « SPLIT »..12
    Les « cycles » de progression 16
    La musculation, c'est aussi du cardio 20
PRATIQUES MAL, OU PEU JUSTIFIÉES...................23
    L'amplitude en numéro un 23
    Pourquoi vous étirez-vous ? 28
    La « contraction volontaire est un truc de Chippendale......31
    20 minutes d'EMS = 20 minutes d'EMS.................32
    Plus performant en mangeant moins ?....................37
    Coacher quelqu'un sans le voir................................38
    À être trop libre, on finit par faire n'importe quoi..............41
    Un cartomancien pour le mal de dos ?...................43
    Le yoga n'est pas un sport 45
ABERRATIONS PARTICULIÈRES...............................47
    Le « tirage nuque » n'existe pas............................47
    Le mot « Arnold » ne légitime rien 49
    Le « curl pupitre », ou comment gâcher un curl normal 51
    Par la prise s'exerce la force..................................52
    Tout entraînement est fonctionnel..........................54
    Le grand droit fait la flexion du rachis. Point 56
    S'asseoir sur un lave-linge ne prépare pas au rodéo..........59
    Des bandes pour occlure les performances 61
ÉPILOGUE..63

Sporting Club de JDH Éditions

SPORTING CLUB de JDH Éditions est une collection de livres uniquement écrite par des sportifs, souvent de haut niveau, à destination de sportifs et de non sportifs. Faire découvrir un sport, un univers, mais aussi dénoncer certaines pratiques, certaines évolutions passées sous silence des médias. Vous pourrez y trouver des essais, des diatribes, des témoignages, des livres pratiques…

Un nouvel angle de vue sur les pratiques sportives

Découvrez les autres collections de JDH Éditions

Magnitudes

Drôles de pages

Uppercut

Versus

Les collectifs de JDH Éditions

Case Blanche

Hippocrate & Co

My feel good

Romance Addict

F-Files

B-Files

Les Atemporels

Quadrato

Baraka

Les Pros de l'éco

L'Édredon

La revue littéraire de JDH Éditions

Venez découvrir les textes de la revue

**Textes et articles dans un rubriquage varié
(chroniques, billets d'humeur, cinéma, poésie…)**

Suivez **JDH Éditions** sur les réseaux sociaux
pour en savoir plus sur les auteurs,
les nouveautés, les projets…

Inscrivez-vous à notre Newsletter sur
www.jdheditions.fr
Pour recevoir l'actualité de nos nouvelles
parutions